AF360238

VOYAGE
AUTOUR DU MONDE

SANS LA LETTRE A

PAR

JACQUES ARAGO

PRIX : 50 CENT.

PARIS

LIBRAIRIE NOUVELLE

BOULEVART DES ITALIENS, 15, ET CHEZ TOUS LES MARCHANDS
DE PITTORESQUES.

1853

Chère bonne, vous êtes bien impérieuse, bien despote, comment voulez-vous qu'une plume docile ins-
crive ici, sur votre ordre, un récit fidèle des vicis-
situdes de nos courses, puisque je dois subir le frein
qui m'est si cruellement imposé? Que désire le cour-
sier numide? Les brumeux horizons, les steppes et
le désert; prêtez-moi donc plus de liberté, si vous
voulez que je n'oublie rien des périlleuses difficultés
de cette route si longue et si rude qu'on nous pres-
crit de sillonner.

Dès que nous eûmes quitté le port, un vent très
sec et très peu courtois nous tint en éveil, et nous
nous vîmes forcés de louvoyer sous les ordres et
l'œil d'un pilote qui, routier intelligent et fort silencieux, nous dit enfin bonsoir en vue des côtes de
Cherbourg.

Soumis comme un écolier qui redoute le fouet, je
ne puis vous dire le nom de cette lourde quille qui
nous porte, nous berce et nous torture, lorsque,

depuis quelques heures seulement, nous piétinons
sur son entre-pont boueux. Toutefois, souvenez-vous
du nom d'un infortuné roi d'Écosse que les historiens
ont jugé si diversement et qui mourut en exil, et
dès lors vous devinerez celui que je vous dérobe (1).

Des femmes jeunes, vieilles, hideuses, jolies, rous-
ses, blondes, brunes, sveltes, dodues, sont près de
nous, les unes sous le joli costume de leur sexe; les
plus timides, sous les ridicules vêtemens d'homme.
Eh bien! j'éprouve une rêverie sombre et une poéti-
que tristesse, lorsque je les entends, le cœur op-
pressé, les prunelles humides, interroger d'une lèvre
inquiète leurs voisins sur les périls du météore qui
gronde et couche notre voiture neptunéenne sur un
de ses côtés, et secoue ses courbes solides comme
si Dieu lui eût dit : Voici le cercueil qui doit t'en-
gloutir.

Près de moi, voltigent, rient et trébuchent sous le
roulis vingt-cinq ou trente jeunes gens pleins de
cœur, de droiture et d'énergie, tous fils de Lutèce,
qui visent de l'œil Monte-Rey et qui brûlent de
compter entre leurs doigts les délicieuses *pépites* de
ce sol privilégié qui semble nous fuir, et que nous
sommes si désireux d'interroger.

Vous les nommer est impossible, vous les verrez
un jour, et, comme moi qu'ils chérissent en retour
de mon estime pour eux, vous leur sourirez, chère,
si vous voulez les rendre complètement heureux.

De l'or, des concerts, des voitures et des sourires,

c'est tout ce qu'ils cherchent, c'est tout ce qu'ils veulent ; tout ce qu'ils envient.... Et moi, donc !

Je ne dois point oublier qu'un de nos hommes, un de nos meilleurs, le plus intrépide peut-être, est tombé d'une vergue, et que tout ce que nous pouvons lui donner en ce jour, ce sont des pleurs et des prières..... Priez comme nous.... ce fut un excellent cœur, que nous pleurerons long-temps.

Vous ne vous ferez point une idée précise de l'ennui des courtes et rigides bordées que nous courûmes sur les flots où se mirent les têtes chevelues des Pyrénées, dont le côté opposé touche le golfe de Lyon, si redouté des petites bicoques qu'il soulève tels que des flocons de duvet.

Nous étions presque tous comme des étourdis, honteux de nous être livrés nous-mêmes, pieds et poings liés. Enfin, nous fîmes contre fortune bon cœur, et nous courûmes vers des régions moins élevées.

Ici notre curiosité fut souvent et vivement réveillée : des requins, des souffleurs, des bonites qui luttent de vitesse ; plus loin, et quelquefois plus près, contre le bord même, des mollusques si curieux, si singuliers, si divinement festonnés qu'on ne peut guère dire si ce sont des poissons, des fucus ou des bouquets de fleurs.

Les mers sont opulentes pour les géologues et les zoologistes, chère petite, elles offrent des études si fécondes que je ne puis comprendre qu'elles ne soient point sillonnées plus souvent.

Pourquoi tenter de vous donner une esquisse de ces splendides levers et couchers de soleil en présence desquels on s'incline dévotement et qui enseignent une religion ? Vous diriez que Dieu se dévoile ici environné de tous ses sublimes prestiges; pour eux seuls, croyez-moi, on se félicite de s'être mis en route, et l'on oublie que les déjeûners et les dîners sont les momens les plus douloureux du bord. Toujours ou presque toujours du cochon, dur non-seulement comme des tiges, bien plus encore, comme des semelles de bottes, puis du bœuf de même étoffe, des pois ou d'ignobles légumes privés de sel et d'huile et du biscuit que des dents de requin..... Chut! silence ! en voici un bien plus gros que tous ceux que nous vîmes hier, on lui présente un émérillon, il frétille, il court, il mord.... pincé! nous dînerons comme des Lucullus.

Et puisqu'il est ici question de requin.... Un jour, lorsque mollement étendu sur quelque dune silencieuse, vous verrez sur le flot moutonneux poindre le dos brun et lisse d'un de ces hideux écumeurs de mer, inclinez-vous, priez et dites-vous tristement : c'est le cercueil d'un fou qui n'eût point dû quitter son bourg pyrénéen, lui qui, depuis quinze hivers, ne voit plus ni le soleil ni un sourire de frère (2).

Si je ne vous dis rien de ces deux groupes d'îles sur les bords desquelles nous venons de glisser, c'est que plusieurs noms propres me sont défendus (3) : vous les voyez d'où vous êtes, gourmet émérite, et je n'ignore point que vous fêtez en princesse les délicieux petits verres qu'elles expédient sur presque toutes les villes populeuses de l'Europe.

Ténériff est une île sortie des flots depuis bien des siècles; elle est célèbre et semble fière de son superbe pic, cône terrible sur le sommet duquel vous voyez en même temps l'hiver et ses neiges, de fougueuses colonnes de fumée et de feux qui engloutiront un jour les villes, les bourgs et les riches vignobles dont s'enorgueillissent les citoyens les moins cosmopolites du monde et les brunes fillettes de Ste-Croix que je vous défie bien d'éviter, si vous étudiez leur prunelle noire, si vous écoutez le soir, vers le crépuscule, leur musique monotone et endolorie.

Qu'est-ce que cette cérémonie bouffonne qui occupe nos hommes? Vous le devinez, chère, elle nous divertit, elle leur procure en même temps quelques écus, elle jette un sourire sur des lèvres qu'une chique noire colore trop souvent; ne soyons ni plus ni moins bigots que ceux qui nous ont précédés, et félicitons-nous de nos économies si utiles et si bien venues, puisqu'elles consolent l'infortune (4).

Oh! oh! que nous disent les lunettes? Que nous dit le point? Que le deuxième tropique nous domine, le voici : Rio et le Brésil sont sur notre droite; plus loin, le fleuve immense où Montevideo dresse ses clochers pointus, ses églises splendides, ses rues si droites, et nous présente son port si peu protecteur de nos intérêts et de notre gloire.

Filons, filons encore. Toutefois, si vous voulez que je poursuive mon chemin sur ces feuilles confidentielles, je vous en supplie, chère, donnez-moi plus de liberté, je me répète.

Que cet horizon est brumeux, que ces ondes sont froides et houleuses! Nous voguons sur une mer tellement turbulente, que vous devinez que nous piquons vers le pôle et que nous doublons cette pointe redoutée, que l'intrépide Horn découvrit en un jour de gloire pour lui et d'utilité pour tous. Quel horrible tumulte! les flots touchent le ciel, ou plutôt le ciel descend sur les flots; c'est solennel comme un dernier jour, comme une dernière heure.... Les voiles se déchirent, les vergues crient, les cordes sifflent, les drômes solides sont enlevées et tourbillonnent. Les hommes les plus robustes sont renversés, se relèvent, retombent brisés, mutilés, broyés........ Rien n'est debout, rien ne résiste, tout cède, le tonnerre gronde et domine ce ténébreux concert, vous diriez un gouffre qui s'ouvre pour nous recevoir, vous croiriez entendre une voix terrible qui crie : *Tempête!* et vous montre le pouvoir du Dieu suprême sous lequel tremblent les empires et mugissent les mers... Croyons en Dieu.

Ici ont commencé les périls sérieux; ce fut ici que l'énergie de nous tous dut se déployer invincible contre les bouffées neigeuses qui, en quelques momens, encombrèrent le pont et le montrèrent tel qu'un linceul étendu sur les restes encore humides et froids d'une jeune vierge. Vivent les tempêtes, lorsqu'elles ont fui , lorsqu'elles ont porté plus loin leur colère. Le péril n'est plus, le chemin nous est ouvert, puisqu'un vent tout généreux nous pousse vers des zônes plus tempérées ; nous toucherons le but , je l'espère.

Mes yeux éteints se mouillent de pleurs , et je visite du cœur et de toutes mes pensées le roc sombre et isolé où vécut, où souffrit cet ingénieux , cet intrépide Robinson-Crusoé , dont une longue vieillesse ne peut nous déshériter (5).

Voici les Chiloé ; courez vite. Les flots tourbillonnent trop violens sur les rochers d'huîtres qui emprisonnent ce groupe d'îles où pèsent d'immenses forêts, éternelle fortune des indolens citoyens du Chili, leurs voisins.

Si nous en croyons le point , qui ne peut guère nous induire en erreur, nous verrons bientôt cette République, féconde entre mille, où le commerce et l'industrie de tous les empires du monde semblent s'être donné rendez-vous; nous y trouverons un consul, et je compte lui confier cette lettre pour vous. Excusez-moi, toute bonne, si elle est si courte et si incomplète ; vous n'en ignorez point les motifs; je vous l'envoie , en dépit de ce qu'elle offre de puéril. Oh ! c'est que je crois l'écrire sur vos genoux, et que le pupitre m'enrichit de souvenirs, doux contrepoids des inflexibles ennuis qui nous entourent.

Visitons cette cité, courons les rues, étudions les

hommes et les mœurs. Notre consul est droit, ferme, énergique, homme d'intelligence et de progrès, qui prend les intérêts de tous, les protége et mérite l'estime de quiconque professe un culte fervent pour ses foyers. Il nous reçoit poliment; il n'ose guère nous féliciter de notre course si longue et si cruellement échelonnée de périls; il s'empresse de nous offrir ses secours désintéressés, et nous le quittons comme on quitte un de ces esprits supérieurs et privilégiés qu'on est heureux de revoir.... Nous nous reverrons très souvent : le cœur est citoyen de l'univers, et c'est de lui seul que nous viennent les douces et tendres émotions.

Deux motifs m'empêchent de vous dire le nom de notre consul, deux, ni plus, ni moins; mordez-vous les lèvres de me voir obéir si servilement. Tout ilotisme est coûteux (6).

Puisque je viens de vous entretenir d'un consul, et que deux ou trois devront peut-être encore occuper mes souvenirs, en voici un, celui de Belgique; son nom m'est interdit comme celui du premier. Plein de nobles procédés pour tous les hommes de cœur qu'il rencontre, il vous évite l'ennui des étiquettes; il se poste généreusement sur votre chemin, et une heure ne s'est point écoulée, que vous brûlez de le tutoyer comme vous le feriez d'un frère.... Le sien vous dit : *Gilles* et les *Porcherons;* cherchez, vous trouverez; c'est une mélodie (7).

Voici un comédien de mérite, un poète, un homme

qui comprend toutes les gloires; il se nomme O'Lo-
ghlin. Puis des cœurs de bitume, qui écrivent des
feuilles périodiques dont nous serions envieux, si
nous ne prenions une moitié de toutes les renom-
mées.

Le repos m'énerve... En route.

C'est un des chemins les plus pittoresques et les
plus rudes, que celui qui lie les deux cités chilien-
nes; l'œil étonné s'y promène sur des cîmes neigeuses qui vous font grelotter, et des bosquets qui vous
enivrent. Les *birloches* s'y précipitent de telle sorte,
que vous vous croyez victime d'un rêve. On monte,
on prend une prise, on éternue : Dieu vous bénisse...
On est rendu.

Ici se voient un président homme de cœur, des ministres pleins de droiture, sérieusement occupés du
bien-être d'un peuple insoucieux de progrès ; et qui
ne veut pour rien déserter ses solitudes.

Voici encore un consul (8); c'est le dernier, ou
plutôt le premier, heureux du bonheur de ceux qui
l'entourent, et plus heureux encore des trésors infi-
nis d'une femme belle comme les plus belles, excel-
lente comme les meilleures, et que je vous défie de
voir et d'entendre froidement, pour peu que vous
trouviez le ciel bleu, les étoiles lumineuses, et que
vous vous sentiez touché de cette musique éternelle
qui remue les sentimens les plus généreux.

Que cette jeune fille est délicieuse! comme son
rire est joyeux! comme ses jolies petites menottes

sont douces et souples ! On s'incline pour presser un front de Chérubin. Que Dieu te guide, et que mes vœux te protégent ! Elle se nomme presque *Emélie*. Devinez..... Je ne me trompe, je crois, que d'une lettre.

Vive le Pérou ! nous en sommes si près, que nous le touchons des dix doigts. Quelques Péruviennes font ici des modes et des robes; on les voit, on les écoute, on les courtise... Vous êtes subjugué.

Lutèce ne peut rien leur opposer, et nos lionnes les plus coquettes doivent se courber en présence de ces yeux noirs, de ces cils longs et pressés, de ces cheveux onduleux et soyeux, de ces lèvres roses, de ces croupes voluptueuses, de ces pieds imperceptibles, de ces tournures qui donnent le délire et font rêver de printemps, de poésie et de bonheur. Tenez, chère, une Péruvienne, et puis mourir.... Je me trompe, deux Péruviennes et puis vivre.....

Et sillonner encore cette mer immense, qui gronde presque toujours comme une tigresse en fureur! courir d'une île vers une île, d'un rocher vers un rocher, et diriger ses études les plus sérieuses sur les richesses de ces zônes brûlées, où l'existence court si prompte et si monotone!

Donc, poursuivons notre course, il est honteux de s'endormir en chemin; restons éveillé et écrivons.

Tremblez, frémissez de tous vos membres, vous êtes en ce moment entourés de chercheurs d'or, dont le front ridé dit les tortures, dont les doigts rugueux, dont les yeux ternes disent les profondes douleurs et les longues insomnies.

C'est une détresse horrible et une opulence mythologique, c'est le seuil du cimetière, ce sont les joies des heureux de ce monde, c'est une fièvre qui ronge, brûle et tue, c'est une soif qui corrode...

Vous devinez où nous piétinons? Vous voyez le sol que nous étudions, les cônes que nous sommes forcés de dominer... Prenons vite notre essor : Je me heurte ici contre trop de misères.

Roulons encore, et piquons vers le Sud, puisque c'est notre route ; toutefois, les vents d'Est nous donnent contre-ordre ; ils sont impérieux, despotes ; ils s'imposent, ils veulent être obéis ; et nous, courbés sous le joug, nous devenons ses ilotes.

Que m'importe cette nouvelle course, puisque le péril me voit sourire !

Je suis ciselé pour les longues douleurs ; mes yeux, privés de soleil, ne peuvent plus fouiller vers les horizons ; mon univers, ce sont les ténèbres, et je sens le besoin du bruit pour me souvenir que j'existe.

Que le ciel s'inonde de prestiges ; que les flots les reflètent comme le miroir le plus poli ; vous qui croyez voir les brises se promener sur votre front et sur vos muscles, qu'elles vivifient, soyez heureux ; je me réjouis de vos ivresses.

Vers quelle terre courons-nous? Quels seront les peuples que nous étudierons? Nos mœurs, nos coutumes leur seront-elles connues? Nous recevront-ils en ennemis, ou nous offriront-ils, fils d'un Dieu de clémence, les fruits de leurs forêts, les sourires de leurs femmes et de leurs filles?... Silence, et bénissons notre destinée! Un promontoire se dessine et monte: nulle brume ne nous le dérobe. Encore quelques heures, et nous pourrons mouiller! Encore quelques heures, nous nous bercerons sur une mer bleue et limpide.

O Chinois! que vous êtes stupides en votre orgueil! O Chinois! que vous êtes impies et cruels en votre religion! Oui, j'en conviens, vos vêtemens sont les mêmes depuis plus de trente siècles! Depuis plus de trente siècles vous vous nourrissez de chiens, de poissons, de riz et d'opium! Depuis plus de trente siècles vous dressez vos cités sur les fleuves et sur vos lourdes jonques! Depuis plus de trente siècles vous creusez l'ivoire, vous tressez de superbes crêpes, vous brodez de riches tuniques! Vous nous fermez despotiquement vos ports, et vous exercez le vol mieux que les plus effrontés escrocs de nos contrées européennes.

Je fouille plus loin, ô Chinois! mes coquins; et je vous prête du génie, lorsque j'étudie vos superbes et riches étoffes, si souples, si soyeuses, et quelquesuns de vos somptueux cimetières, où votre respect pour les morts est une religion. Je vous vénère, lorsque je songe que nul peuple encore n'ose s'enorgueillir de votre soumission.

Eh bien ! s'il est glorieux de respirer libre, il l'est encore plus de progresser. Les temps cheminent, les siècles se succèdent, ô fils énervés de Confucius et de Foé; suivez leur exemple et ne vous endormez point, heureux de votre triomphe stérile, de votre encre et de vos mûriers qu'une seule trombe peut enlever. Vous êtes intelligens, Chinois; je redoute de m'être trompé.

Soyez hommes de génie, vous le pouvez. Tuez l'opium qui vous tue. Est-ce vivre que de vivre endormi ?

Le bronze fit entendre ses volées... En mer !

Voici les Moluques, îles opulentes et splendides, sol de bitume peuplé d'hommes cruels, indomptés, que nulle tendresse ne peut soumettre, que nulle visite européenne ne peut civiliser.

Le dîner quotidien, sur quelques-uns de ces îlots, est un torse nerveux dont on déchire les fibres; le repos, c'est celui du lion qui rêve le meurtre; le réveil c'est celui du tigre qui se rue sur une proie endormie....

Je m'éloigne enfin de toutes ces superbes forêts où se tordent les reptiles les plus venimeux, où, sous un soleil de plomb, le crocodile se repose de ses courses et de ses festins qui ont brisé des membres et où les derniers soupirs des victimes n'ont point eu d'échos...

Que les vents qui soufflent, généreux et courtois, escortent nos vœux et que nous puissions bientôt

nous promener sous un ciel pur, sous une zône moins
rigide !

Voici Bornéo, cette île mystérieuse, immense comme un continent, qui réveille tous nos souvenirs
historiques. Comment y pénétrer, comment fouiller
ces éternelles solitudes que le tonnerre seul visite,
que les plus intrépides n'osent point interroger, et
dont les typhons éloignent les corvettes et les bricks
les mieux construits pour les courses périlleuses?

Mes pensées et mes témérités de tous les jours
durent se refouler en moi; et les vents me secondè-
rent hostilement pour m'empêcher de me reprocher
une poltronnerie.... ils devinrent insolens, ils nous
firent serrer toutes nos voiles et nous courûmes,
sur le foc seul, vers une mer moins tempétueuse.

Se courber lorsqu'on veut rester debout, incliner
son front lorsqu'on veut cheminer en toute liberté!
le cœur s'indigne de cette servitude et, je vous jure,
chère, qu'il m'en coûte énormément de me soumettre,
moi qui me suis cru toujours fort et plein d'énergie
surtout en présence d'une colère, de quelque ennemi
qu'elle me vînt.

Qu'est-ce que l'homme? Oh! qu'il est petit en son
orgueil! oh! que les femmes et les mères le rendent
chétif et lilliputien!...

Les Célèbes, que nous cotoyons en ce moment,
sont un groupe d'îles d'une richesse merveilleuse !
on ne s'y promène que sous des touffes splendides
de cocotiers où des milliers de perroquets bleus,

verts, gris, couronnés, se disent jour et nuit leurs tendresses et leurs coquetteries.

Un nombre prodigieux de Chinois sont venus ici pour commercer, je veux dire pour chercher des dupes..... Je vous défie d'y trouver deux honnêtes gens ; un seul c'est possible, surtout s'il est isolé, s'il ne voit, s'il ne fréquente personne.

Ces rusés fumeurs d'opium me sont si connus ! Je vous les livre tels quels, vous n'en ferez rien de bon; on ne se modifie point en un jour, et, depuis trois mille printemps, les Chinois sont Chinois!.....

Quel bonheur si nous pouvions visiter les Philippines, si pittoresques, si opulentes, si inconnues encore !.... Les vents les plus discourtois nous font une rude guerre et nous piquons vers le Sud où nous trouverons peut-être une mer moins irritée, un ciel moins rigoureux.

Ce que le philosophe récolte de richesses intellectuelles sur les mers sérieusement étudiées est immense. Les sublimes légions d'étoiles dont le ciel se couronne lorsque le soleil couché sous l'horizon leur rend toute leur splendeur, les flots qui courent ou se reposent selon les volontés imprévues des vents, les mœurs si diverses des peuples que les pieux sermons des hommes d'un Dieu de clémence ne peuvent point conduire vers le bien, les guerres intestines, les scènes de deuil, les vols, les impiétés, les religions de meurtre qui trônent encore indomptées en dépit de notre logique et de nos efforts..... toutes ces er-

reurs, toutes ces tristesses, toutes ces choses, qui
doivent être puisqu'elles sont, remplissent vos heures,
vous font rêver les nuits, et ne vous permettent, le
jour, ni trève ni repos.

Pour moi, le souvenir de Timor, celui des Fitgi,
des Pelew et de leurs ténébreuses forêts, séjour du
crocodile, celui encore de l'île de bitume où l'on vou-
lut un soir me rôtir, ne peuvent éteindre mon goût
inné pour les courses périlleuses, et il me semble
qu'on cloue mon cercueil, dès qu'on me présente un
fauteuil élastique, dès qu'une douce mélodie tente de
m'emprisonner, en un mot, dès qu'on m'ordonne
l'immobilité.

Encore une fois courons le monde !....

Nous sommes en présence d'un groupe d'îles som-
bres, rocheuses, sillonnées de criques profondes, où
le flot se promène en courroux, victime d'une force
indomptée. Puisque les titres de noblesse sont biffés
de nos lois et de notre République, si jeune, (écrit en
1849) je ne comprends guère pourquoi ces îles ne re-
çoivent point un prénom qui les distingue ; j'y songe
en vue de l'intérêt de ce groupe pour lequel je professe une sincère prédilection, surtout depuis qu'on
nous écrit qu'il doit recevoir nos déportés politiques,
dont le sort excite en moi un si vif intérêt (9). Je m'en
éloigne, toutefois, et je glisse, heureux, tout près de
ces splendides *Po-Mouttous*, où pèse une opulence
dont l'œil ne peut mesurer l'étendue. On incline son
front en présence de ces richesses éternelles, de ces

fruits délicieux , de ces fleurs si diverses dont le sol se couvre comme d'un vêtement de fête ; et, le cœur en mouvement, on voit bientôt poindre cette île fortunée, que Cook découvrit, qu'on nomme encore nouvelle Cythère, et d'où, peut-être, doit s'éloigner cette épître que j'escorte de mes vœux les plus fervens pour votre bonheur (10).

De jolies filles toujours en joie, de superbes jeunes gens presque toujours en goguette , des évis, des citrons, des cocos , des fruits de toute sorte, des crêtes élevées, des torrens, des forêts immenses, silencieuses, éternelles, des fêtes de tous côtés, des cris, des courses, des culbutes, des nuits pour le sommeil, des jours pour les jeux , une ville, des prêtres , un évêque , une reine, des ministres , une église, une seule, des prisons, des impiétés, des sœurs religieuses, qui prient pour tous et quêtent pour nous tous les indulgences du ciel... c'est l'île. Que puis-je vous dire encore du domicile que j'occupe en ce moment? Povero ! c'est l'Hôtel-Dieu de ces contrées ; donc, un lieu de misère, de douleur et d'espoir.

M. Bellebon trône ici, et le sourire me visite comme si vous et moi ne nous étions point quittés.

Près de lui prient et consolent des sœurs pieuses, douces, indulgentes, dont les lèvres bénissent , dont les soins opèrent plus d'une guérison, et qui projettent en tous lieux une essence de pureté qui enivre.

Leur mère, sœur Régis, les nomme ses filles. Une

mère de trente printemps, c'est bien jeune.; qu'en dites-vous? N'importe, on se courbe respectueusement près d'elle, comme en présence d'un objet vénéré.

C'est une musique délicieuse que celle des jeunes filles de ce coin de terre privilégiée de Dieu, une musique toute de poésie qui vous berce et vous endort, une mélodie imprégnée de tendresse, presque toujours trois notes seulement modulées, brèves ou lentes, souvent rieuses comme une joie, comme un doux souvenir.

Je vous défie bien, vous et vous, quelque tiéde, quelque froid que soit votre cœur, de ne point le sentir s'émouvoir, lorsque sous votre prunelle, sous vos doigts, vous voyez, vous touchez ces mille vierges folles, heureuses de leur vie, pour qui le mot *vice* est un mot privé de sens, et qui ne veulent point de bonheur pour elles seules.

O mes filles rondelettes, bien rusées seront les sveltes, blondes ou brunes européennes qui vous détrôneront en moi!.... Une religion est une chose sérieuse.

Le Pérou, le Chili, cette dernière île est Rio, où le cœur est si souvent en péril, me berceront de longs souvenirs; toutefois, bénissez votre sort, puisque, de près comme de loin, vous occupez mes pensées les plus intimes et me dominez toujours.

Le brick sur lequel je poursuis mes courses se nomme le *Nessus*, il est supérieurement gréé, solidement chevillé, doublé en cuivre; il ne redoute point les contre-moussons et je ris des typhons qui ont si souvent enrichi les mers.... Nous ferons donc bonne route en peu de temps..... Tout est bien sur les flots comme sur les continens.

Si les jours éteints colorent le présent, inclinez-vous en vue de ces rochers noirs et pelés qui se dressent non loin comme une colère céleste et vous disent le deuil, le désespoir, mille hontes et mille félonies qui ne peuvent être inspirées que de l'Enfer!.. C'est Ste-Hélène.

L'île est dépoétisée, on l'évite, on s'en éloigne comme d'une tombe qu'on peut impunément heurter du pied. Vous prononcez dévotement des mots et des noms imprégnés de poudre; vous cherchez sur ces mornes silencieux l'ombre immense dont les siècles ne pourront point oublier le souvenir.

Six pieds de terre seulement pour le colosse qui fit trembler le Monde!... Quel enseignement, quelle terrible leçon!

Un pilori, un fer rouge pour Sir Hudson Lowe, ce cousin de Belzébuth, ce suppôt de Lucifer! dont le nom seul est un opprobre!

De Ste-Hélène chez les Hottentots le chemin n'est point long, j'en conviens.... cinq ou six cents lieues. Eh bien! je vous défie d'en trouver un plus rude, un plus périlleux, je vous défie de me montrer une mer plus tempétueuse, des côtes plus déchiquetées que

celles que vous longez, une zône plus turbulente, un
sol plus déshérité de verdure.

Et ce peuple, quel est-il? sont-ce des hommes,
des brutes? ont-ils de l'intelligence ou seulement de
l'instinct? vivent-ils comme le porc-épic, hôte de
leurs demeures, ou comme le zèbre qui visite ces solitudes?

Voyez ces huttes enfumées que le vent ne purifie
point, étudiez ces têtes privées de front; ces yeux
imperceptibles, ces prunelles hébétées, ces lèvres
monstrueuses, ces torses informes, cet idiôme lugubre que vous prendriez pour le hideux glouglou d'une
source boueuse, et vous verserez des pleurs de géné-
reuse pitié sur ces infortunés dont les bontés de
l'Être Suprême semblent s'être exclusivement éloi-
gnées.

Eh bien! le Hottentot ne veut point quitter ses
misères pour les douceurs d'une colonie voisine qui
lui offre des nuits exemptes de périls, des jours
exempts de tempêtes, des vêtemens protecteurs et
des sources limpides, le commerce, l'industrie, ces
deux fermes leviers du monde.

Merci, ô mon Dieu! je ne suis point Hottentot,
merci!....

L'intérieur de cet immense continent est un pro-
blème irrésolu; presque tous ceux qui ont voulu
l'étudier y sont morts de misère, sous les étreintes
des fièvres les plus pernicieuses, ou sous les flèches
d'un soleil de feu..... Les Belzonni, les Boutin, les

Linders, ne sont point revenus de leur course scientifique, et personne encore ne peut nous donner un récit fidèle de ces solitudes profondes, de ces forêts éternelles, où les bêtes féroces les plus cruelles, le rhinocéros, le tigre, le lion, les serpents les plus venimeux trônent seuls sur les bords des rivières, sur les cîmes des monts et sur les déserts que le siroco visite périodiquement de son souffle mortel.

Les hommes très sérieux de chez nous s'occupent infiniment des querelles des voisins, des disputes de cochers, des petites colères féminines qui picotent leur vie indolente ; et, riches d'or, de jeunesse et de virilité, ils ne veulent point de ces joies intimes, de ces souvenirs pleins de douceur, qui colorent toute vieillesse et consolent des douleurs et des inquiétudes des derniers jours.

Oh ! ces hommes, voyez-vous, je les désigne sous le nom de polypes, de choux, de légumes quelconques, ou plutôt je ne leur donne point de nom, de peur de les ennoblir..... Tout est mouvement sur ce globe ; eux seuls sont immobiles.... pitié sur eux !...

Les fleurs, les fruits, les rivières, les fleuves, les torrents, les mystères des solitudes, le lugubre roulement du tonnerre, le silence plus instructif encore ; tout devient solennel, tout vous dit les splendeurs infinies de l'Être Suprême ; tout vous dit que vous êtes né pour un monde meilleur, et que votre devoir est de récolter en celui-ci.

Lorsque sous vos pieds ne germent point les moissons, vous êtes stupides, en vérité, de les voir inutilement mourir loin de vous sur leurs fécondes tiges.

Je voulus un jour d'été, comme les plus intrépides de mes prédécesseurs, tenter une course jusques sur les bords du Zeto, petite rivière boueuse et peu profonde, que les porc-épics fréquentent en troupes écervelées.....

Je dus bientôt me contenter d'une douloureuse excursion de quelques heures ; les pluies torrentielles qui tombèrent d'un ciel lourd et plein de colères, imprégnèrent le sol de telle sorte qu'une boue noire et fétide, et des monticules en forme de cônes très pointus semblèrent me dire : *Nul ne peut cheminer plus loin....* Et, presque honteux de mon infructueuse témérité, je rejoignis mon bord.....

Voici Bourbon..... Ce sont, sur les côtes, de profondes criques où le flot court en fougueux tourbillon ; plus loin, le sucre, le poivre, des nègres énervés, des cônes de bitume, des cîmes neigeuses, et, plus loin encore, un sol qu'on nomme brûlé, où ne pousse nulle bruyère, où ne grignotte, où ne se promène, où ne crie nul insecte.

St-Denis est privé de port ; donc, point de sécurité pour les quilles de cuivre les plus solidement chevillées.

Le créole de Bourbon ou celui d'une île voisine plus riche encore que celle-ci (11) est le type le plus complet d'un cœur excellent : son bonheur, il le jette en dehors pour ne point être heureux tout seul, il sourit du sourire du voisin, il s'enivre de poésie et de mollesse ; il ferme les yeux pour que l'existence ne glisse point trop vite sur ses membres un peu efféminés, et, dès que vous le voyez, dès que vous l'entendez, vous courez vers lui pour vous dire son frère.

Le créole d'ici dort-il ou seulement sommeille-t-il ?..... Cette question est résolue. Bourbon est l'île du repos et non du sommeil ; on se couche, on sent courir toutes les brises sur le front, on pense, on pense toujours, et rien ne vous énerve comme cette perpétuelle visite de gnômes et de sylphes, hôtes joyeux de vos demeures, et fidèle escorte de tout promeneur sur les collines silencieuses ou près des mornes dont le flot polit le pied bitumineux.

Les Séchelles sont voisines de Bourbon, elles ne m'occupent que comme un stérile échelon de mes courses, on glisse près d'elles, heureux que les vents vous en éloignent.

Le brick recommence ses bordées : encore des périls, encore des inquiétudes et de l'ennui. Si vous pouviez comprendre, chère, combien m'est funeste votre omnipotence, vous cesseriez de me tenir rigueur, puisqu'elle nous prive tous deux de croquis et de descriptions dont nous tirerions un meilleur bénéfice.

Voyez cette presqu'île qui se dresse sur tribord et brise le cœur.... une terre désolée, veuve de mouvement et de verdure ; des insectes souffreteux, des rochers d'huîtres, des coquilles en débris, des re-

quins , un soleil de bronze pour le jour , des nuits
gelées et brumeuses.

Douze ou quinze êtres chétifs, hideux, crépus, in-
intelligens, tel est le sol meurtrier où les vents viennent de nous porter, et, près de lui, les îles de
Dorre, de Bernier, d'Edels, où l'existence n'est possible pour personne, où rien ne se meut, rien ne vit,
d'où le flot s'éloigne comme le firent ceux qui, les pre-
miers, les découvrirent et les dotèrent de leur nom
glorieux.

Une brise joyeuse et soutenue glisse sur les voiles et nous berce d'un délicieux concert.

Nous piquons vers le Nord..... Dois-je vous dire
quelque chose de Pondichéry, notre stérile et triste
colonie presque déserte? Non, elle dessine notre misère; on s'en éloigne bien vite, le cœur serré , les
yeux humides, une pensée de deuil sur le front.

Près de Pondichéry vous trouvez , sur les routes
publiques et sous des bosquets de cocotiers, des der-
viches en prières et des tourneuses déguenillées que
vous décorez pompeusement, en Europe, d'un nom
tout empreint de poésie. L'oubli souvent est un bonheur!

Voici un rocher presque nu, entouré de récifs dont
le sommet seul présente quelque teinte de verdure
et sur lequel des perroquets et des perruches de diverses couleurs promènent leur liberté.

Ce n'est presque rien; nous le découvrons et nous
lui imposons un nom béni.... On le désigne sous celui
de Rose Freyssinet, qui fit le tour du Monde près

de nous et mourut vénéré de nous tous , estimé de tous ceux qui l'ont connu.

Enfin, me voici en route pour le retour, et je retrouve bientôt sous mes yeux et sous mes plus douces pensées le Brésil, couronné de toute son opulence.

Lorsqu'on vieillit si promptement en Europe, lorsque les jours se succèdent, chez nous, si vides d'émotions et de joies, ils offrent ici une quiétude dont il vous est impossible de perdre le souvenir.

On ne quitte plus le Brésil, si l'on s'est promené une fois sous les dômes de verdure qui protègent le sol contre les flèches rigides d'un soleil de plomb.

Des cîmes chevelues du cocotier, dont les couronnes flexibles se promènent onduleuses, descend, comme un sourire du ciel, le souffle le plus joyeux et le plus pur ; de telle sorte que, lorsque l'horizon est en feu, lorsque les flots pétillent, votre front ne perd rien de ses énergiques pensées, vos muscles ne perdent rien de leur virilité.

L'homme est toujours jeune ici, Dieu ne lui donne guère le temps de vieillir ; et le dernier jour se lève pour tous , privé de douleurs, exempt de regrets...

Oh ! que ne m'est-il permis de vous citer ici un comédien d'élite que l'Europe serait fière de posséder, qui ne s'est inspiré que de lui-même et qui possède son Schiller, son Corneille, les chefs-d'œuvre de nos poètes, et les interprète si dignement, si énergiquement, que je vous porte le défi de rester froid s'il vous ordonne de pleurer, de trembler, de frémir !....

Cet homme est une des gloires brésiliennes (12).

Puis encore, un jeune empereur, Dom Pedro II, digne en tout du culte de ses heureux sujets, fier entre tous, noble, généreux, philosophe, studieux, ntrépide et glorieux des trésors immenses d'une épouse dont toutes les pensées semblent inspirées de Dieu.

Le souvenir de St-Christophe me berce de doux rêves ; je bénis et je m'incline respectueusement ; je n'oublie point mes jours de bonheur.

Vive le Brésil où je veux qu'on me creuse une tombe ! Le lieu est choisi pour mon repos éternel, tout près du couvent de Ste-Thérèse où rossignolent de jeunes vierges dont le cœur vibre, moins pour Dieu qu'elles ne voient point, que pour les hommes dont elles étudient les silhouettes promeneuses sur les murs du cloître béni !

Soyez hors d'inquiétude ; mon front est découronné, mes pieds n'ont plus de vigueur, et vous ne devez rien redouter de moi qui, pour vous obéir, ne puis même signer mon nom que comme je l'inscris ici.

J. cques .R. GO.

C'est fini, l'œuvre est complète, vous venez de tourner les dernières feuilles. Êtes-vous contente, êtes-vous fière, êtes-vous heureuse de votre triomphe, et me suis-je montré humble et soumis selon votre ridicule volonté?

Eh bien! quels seront vos bénéfices de cette servitude?... De montrer que les longs et rudes hivers qui pèsent sur mon front m'ont privé de toute énergie. Singulier privilége, convenez-en !

Vous êtes jeune, belle et forte; je suis vieux et brisé, vous pouviez, vous deviez, ce me semble, choisir un ennemi plus digne de votre colère. Ne souriez donc point d'orgueil, je vous en prie, vous feriez croire que les chutes vous sont communes et que vous êtes étonnée de votre victoire.

Perfide, je ne publie votre conquête que pour vous humilier : trop de clémence ne corrige personne, les femmes surtout ont besoin de plus de sévérité que nous ; elles sont si humblement courtisées !... elles nous voient si souvent les yeux humides de pleurs !

Bonsoir donc, despote, je rentre en lice sous de meilleures conditions, je rêve, j'écris en toute liberté, et mes livres, je l'espère, ne se ressentiront plus de mon ilotisme.

Encore une fois, bonsoir, et pour toujours.

RÉPONSE D'UNE INCONNUE.

Que voulez-vous que je vous dise, mon pauvre fou? Je gage que vous vous attendez à des éloges de moi pour votre tour de gobelet; eh bien ! vous n'en aurez pas, mon ami; vous serez blâmé, très blâmé; et je ne m'explique pas qu'un homme sérieux s'étudie à de semblables bagatelles..... Je le répète, vous êtes un fou.

Vous avez mis au moins huit jours à une narration que vous auriez pu nous donner en une soirée, et qui aurait été plus...... je ne trouve pas le mot, vous saurez tout à l'heure pourquoi.

Allons, allons, mon brave touriste, redevenez grave, tel que je vous ai vu en des jours meilleurs pour vous, alors que le soleil vous baignait de ses rayons, alors qu'il vous obligeait à baisser votre regard d'aigle.

Il y a des études qu'il est impie de négliger. Rappelez-vous l'illustre frère dont vous êtes si justement orgueilleux; suivez son exemple, quelque loin qu'il vous laisse derrière lui, et dotez-nous, je vous prie, nous qui vous aimons sous vos défauts et vos bonnes qualités, de pages moins tourmentées que.... Je brûle et je m'arrête; finissez ma phrase.

Au surplus, pour vous prouver que mes gronderies ne doivent point aller au-delà de votre épiderme, pour vous persuader que je souris à votre envoi, en réponse à votre longue lettre sans *A*, je vous adresse un tout petit billet *sensé;* je vous défie d'y en trouver un seul; aussi, je ne signe que

.AROLINE.

NOTES.

(1) Édouard.
(2) Jacques Arago.
(3) Madère.
(4) Baptême de la Ligne.
(5) Juan Fernandez.
(6) M. Blanchard.
(7) M. Grisar.
(8) M. Cazotte.
(9) Les Marquises.
(10) Taïti.
(11) Ile de France.
(12) Joaô Caetano dos Santos.

PARIS. — TYP. BAULÉ ET Cᵉ, RUE JACQUES DE BROSSE , 10.

30